VENTE
du Jeudi 14 Novembre
Hôtel Drouot
SALLE N° 1

TABLEAUX

PAR

LÉON TANZI

Chevalier de la Légion d'Honneur

COMMISSAIRE PRISEUR
Me André COUTURIER
SUCCESSEUR DE M. LÉON TUAL

EXPERTS
MM. J. CHAINE & SIMONSON

Paris 1907

I. SCHILLER, Imp., Paris.

CATALOGUE DES

TABLEAUX

PAR

LÉON TANZI

Chevalier de la Légion d'Honneur

dont la vente aura lieu

HOTEL DROUOT — SALLE N° 1

Le Jeudi 14 Novembre 1907

à 2 heures 1/2

Mᵉ ANDRÉ COUTURIER
SUCCESSEUR DE M. LÉON TUAL
56, *Rue de la Victoire*, 56

MM. J. CHAINE & SIMONSON
EXPERTS
19, Rue Caumartin, 19

EXPOSITION PARTICULIÈRE

Galerie des Artistes Modernes, 19, rue Caumartin

les lundi 11 — Mardi 12 Novembre

de 10 heures à 5 heures

EXPOSITION PUBLIQUE

Hôtel Drouot — Salle 1

le Mercredi 13 Novembre

de 1 h. 1/2 à 5 h. 1/2

CONDITIONS DE LA VENTE

Elle sera faite au comptant.

Les acquéreurs paieront dix pour cent en sus des prix d'adjudication.

LETTRE-PRÉFACE

Mon cher Tanzi,

Ce n'est point par une simple lettre que j'aurais voulu préfacer l'exposition de ces quarante-neuf toiles où s'épanouit ta belle maîtrise. Tu es vraiment trop modeste, de n'avoir offert à ma vieille amitié que ces quelques phrases pour y exprimer toute l'admiration dont tu es digne. C'est une longue et minutieuse étude que demanderait ton œuvre si forte, si saine, si probe, si noblement sincère, et si rare, enfin, dans notre époque où souffle, sur la peinture comme sur la littérature, hélas ! un vent de folie et de mauvaise foi artistique.

Il est vrai que cette longue étude, je n'aurais sans doute pas la compétence qu'il faut pour la mener à bien. Je ne suis pas critique d'art. Je n'ai, en matière de peinture, que le goût de ceux qu'on appelait jadis les honnêtes gens, et qui sentent et aiment le beau, là comme ailleurs, par une sorte de passion instinctive, intuitive aussi, sans prétention philosophique, sans parti-pris d'école, sans autre besoin que d'être émus et heureux en face de ce beau réalisé.

À ceux-là, par exemple, je peux promettre, et garantir, devant tes toiles, cette émotion et ce bonheur ; car ce que j'ai pleinement éprouvé, rien ne saurait faire qu'ils ne l'éprouvent pas, et aussi à fond. Les plus savantes discussions esthétiques ne prévaudront jamais là-contre.

Dans ces discussions, au surplus, si j'en avais ici la place, je ne craindrais nullement d'entrer ; et, sans être grand clerc, je me ferais fort de démontrer (ex cathedrâ, s'il le fallait) comment et pourquoi tu es un maître, et un maître original, par tes dons de couleur, ton acquit de dessin, et ta science infinie toujours présente quoique toujours cachée. Je pourrais, tout comme un autre, ratiociner là-dessus, voire en termes techniques. Mais, à quoi bon ? On ne prouve pas par a + b qu'une œuvre est belle. Il suffit, quand elle l'est, de la désigner aux gens et de leur dire :

— Regardez-la.

Or je n'ai ni le loisir, ni le désir de faire ici autre chose que ce simple geste, et de dire autre chose que ce simple mot.

Que les gens l'entendent, s'arrêtent et regardent, il n'en faudra pas davantage pour qu'ils t'admirent, et dans tous les aspects de ton œuvre si variée.

Certes, les uns et les autres auront leurs préférences, qu'ils s'attardent à ton Ruisseau sous bois de Villeneuve l'Étang, *ou à* l'Oued Nador *d'un orient argenté, ou au* Chemin de fer *en gare de Fontainebleau, ou au* Parc de Saint-Cloud, *ou aux* Bords de l'Eure, *ou dans le* Ravin de Bouzaréah, *ou à tes pastels et à cette exquise* Baigneuse. *J'ai noté là celles de tes études qui me vont le plus à l'âme, et je ne veux influencer par là l'âme de personne.*

Mais ce qui séduira et conquerra tout le monde, tous les honnêtes gens dont je parlais, tous les amants du beau, c'est le beau qui se dégage de l'œuvre entière, et c'est ta façon particulière, bien à toi, uniquement à toi, de faire fleurir ce beau.

Par quoi tu ne ressembles à aucun autre paysagiste, me semble-t-il, le voici ; et je crois que tu ne m'en voudras pas d'avoir révélé ton secret.

Pour toi, un paysage n'est pas, tout bonnement, un motif, à peindre plus ou moins bien, qu'on le copie ou qu'on l'arrange. Dans un paysage, tu cherches, toi, une des innombrables expressions passant sur le visage infini et infiniment mobile de la Nature. La Nature, elle est quelqu'un pour toi, elle est une personne ayant des traits, des regards, des sourires, des sentiments, une âme. Tu la sens vivre, tu la regardes vivre, tu en conçois de l'émotion, tu l'aimes ; tu veux rendre cette vie, cette émotion, cet amour ; et, finalement, tu n'es plus un paysagiste, mais tu es le portraitiste de cette Isis, et un portraitiste qui en serait l'amant.

De là vient la profondeur du sentiment, non seulement artistique, mais humain, que l'on éprouve devant tes toiles. Il y en a que l'on ne saurait regarder sans avoir aux yeux des larmes d'attendrissement douloureux et passionné, comme en fait verser un portrait de maîtresse adorée et perdue. Dans celles-là, on comprend que tu l'as contemplée jusqu'au fond des yeux, jusqu'à l'âme, l'inaccessible Isis, et qu'elle t'a laissé lui fermer les yeux d'un baiser, et que son âme a été bue un moment par la tienne.

Que les esthéticiens, maintenant, bavardent plus ou moins à propos sur ton œuvre, qu'importe ? Ils n'empêcheront pas ton émotion d'avoir existé, d'avoir été traduite par ton art, et d'avoir eu pour écho la nôtre.

Et tant mieux si tes toiles sont un jour, comme elles le méritent, couvertes d'or, à un lingot le centimètre carré ! *Mais tout cet or, mon cher Tanzi, mon vieux frère, sera toujours une bien pauvre chose auprès des larmes dont je parlais tout à l'heure, celle qui parfois brilla dans tes yeux quand tu peignis un des portraits de ton aimée, et celle qui monte dans les nôtres quand nous admirons combien ton aimée aima son bon peintre.*

Jean **RICHEPIN**.

Dimanche, 20 Octobre 1907.

Tableaux

PAR

Léon TANZI

DÉSIGNATION

1. - **Ruisseau sous bois à Villeneuve L'Étang.**

Signé à droite.

Toile. Hauteur 1^{m}30 — Largeur 2^m

2. - **Le Cap Brun, Toulon.**

Signé à gauche.

Toile. Hauteur 1^{m}30 — Largeur 2^m

Médaille d'argent; Exposition Universelle 1900.

3. - La Réserve ; Château de Maintenon.

Signé à gauche.

Toile. Hauteur 1^m30 — Largeur 2^m

Médaille d'argent ; Exposition Universelle 1900.

4. - Embouchure de la Cagnes ;
Avril ; Alpes Maritimes.

Signé à droite.

Toile. Hauteur 1^m — Largeur 1^m51

5. - L'Oued-Nador ; Algérie.

Signé à gauche.

Toile. Hauteur 0^m80 — Largeur 1^m30

6. - La Faisanderie au bois de St.-Cloud.

Signé à droite.

Toile. Hauteur 0^m70 — Largeur 1^m31

7. - Le Château de Maintenon.

Signé à droite.

Toile. Hauteur 0^m70 — Largeur 1^m31

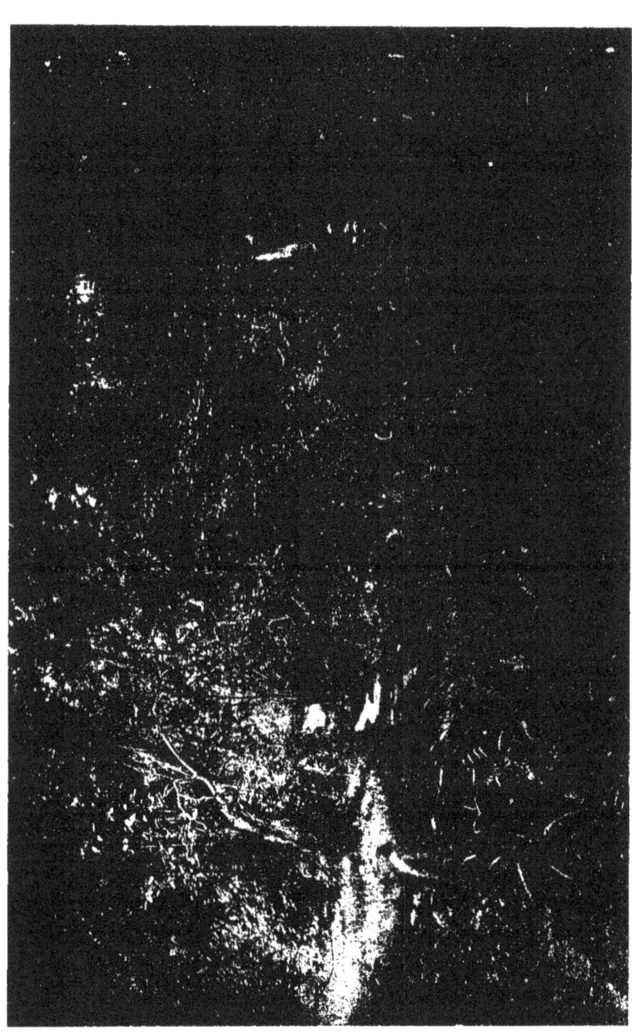

N° 1

8. - Les Étangs de la Glacière.

Signé à droite.

Figures par VILLETTE.

Toile. Hauteur 0^m60 — Largeur 0^m88

9. - Cagnes ; Alpes Maritimes.

Signé à droite.

Toile. Hauteur 0^m56 — Largeur 0^m98

10. - Route du Golf-Club à Cagnes.

Signé à droite.

Toile. Hauteur 0^m49 — Largeur 0^m65

11. - Menton et Vintimille, du Cap Martin.

Signé à droite.

Toile. Hauteur 0^m46 — Largeur 0^m62

12. - Port de Menton.

Signé à gauche.

Toile. Hauteur 0^m39 — Largeur 0^m96

13. - Rivière ; le soir.

Signé à gauche.

Toile. Hauteur 0^m55 — Largeur 0^m52

14. - La Cagnes ; le soir.

Signé à gauche.

Toile. Hauteur 0^m38 — Largeur 0^m48

15. - Le Chemin de fer, en gare de Fontainebleau.

Signé à gauche.

Toile. Hauteur 0^m55 — Largeur 0^m76

16. - L'Équarrisseur.

Signé à droite.

Toile. Hauteur 0^m55 — Largeur 0^m70

17. - Forêt de Fontainebleau.

Signé à gauche.

Toile. Hauteur 0^m55 — Largeur 0^m70

18. - Une Grotte à Bünol ; Espagne.

Signé à droite.

Toile. Hauteur 0^m40 — Largeur 0^m65

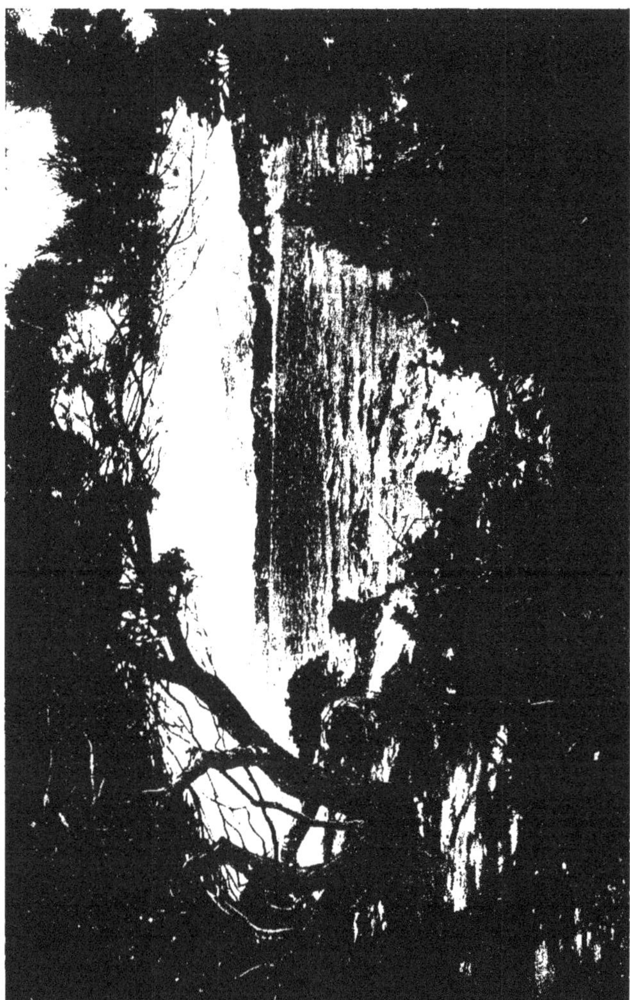

N. 2

19. - La Sapinière.

Signé à droite.

Toile. Hauteur 0ᵐ65 — Largeur 0ᵐ50

20. - Pierres; Eure-et-Loir.

Signé à gauche.

Toile. Hauteur 0ᵐ49 — Largeur 0ᵐ65

21. - Vue d'Alger à travers les Tamaris.

Signé à droite.

Toile. Hauteur 0ᵐ55 — Largeur 0ᵐ73

22. - Au bord de l'Eure.

Signé à droite.

Toile. Hauteur 0ᵐ50 — Largeur 0ᵐ65

23. - Le clocher de Pierres; Eure-et-Loir.

Signé à droite.

Toile. Hauteur 0ᵐ50 — Largeur 0ᵐ65

24. - Premiers Jours de Printemps à Cagnes.

Signé à gauche.

Toile. Hauteur 0ᵐ51 — Largeur 0ᵐ66

25. - Dans les Coquelicots.

Signé à gauche.

Toile. Hauteur 0^m46 — Largeur 0^m61

26. - L'Étang de St.-Cucufa ; le matin.

Signé à gauche.

Toile. Hauteur 0^m36 — Largeur 0^m60

27. - Dans le Parc de St.-Cloud.

Signé à gauche.

Toile. Hauteur 0^m61 — Largeur 0^m46

28. - L'Amirauté vue de la Casbah ; Alger.

Signé à gauche.

Toile. Hauteur 0^m33 — Largeur 0^m55

29. - Le Ravin ; La Bouzaréah.

Signé à gauche.

Toile. Hauteur 0^m38 — Largeur 0^m55

30. - Teneuse ; Eure-et-Loir.

Signé à droite.

Toile. Hauteur 0^m37 — Largeur 0^m60

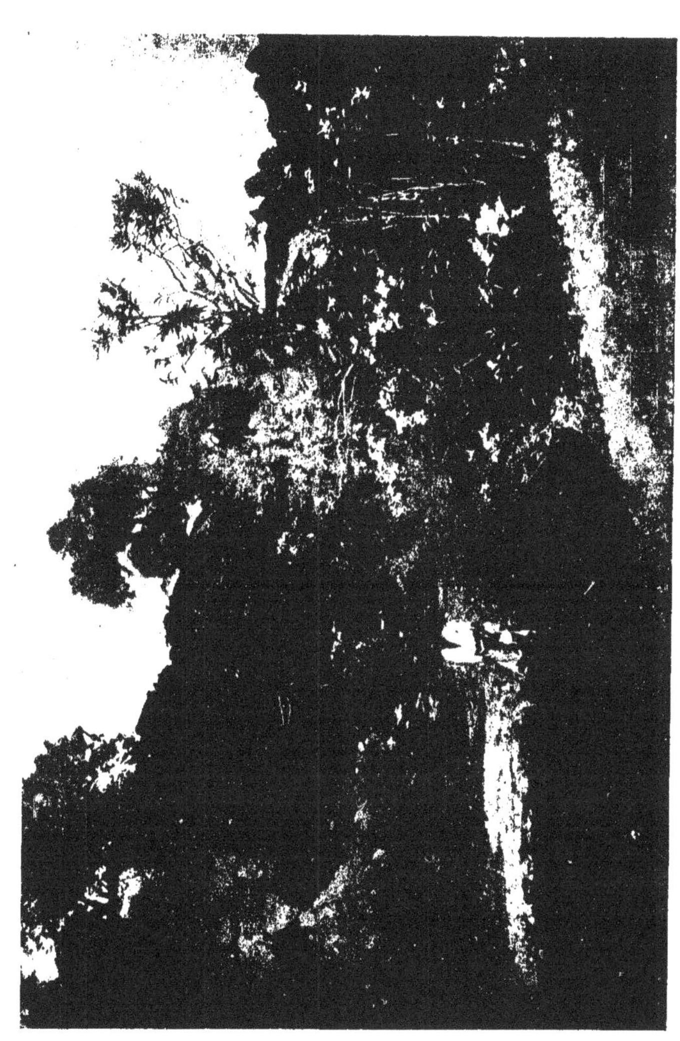

N° 5

31. - Environs de Teneuse.

Signé à droite.

Toile. Hauteur 0^{m}35 — Largeur 0^{m}55

32. - Garches en Automne.

Signé à gauche.

Toile. Hauteur 0^{m}38 — Largeur 0^{m}55

33. - Tarragone ; Espagne.

Signé à droite.

Toile. Hauteur 0^{m}38 — Largeur 0^{m}55

34. - Environs de Cagnes.

Signé à gauche.

Toile. Hauteur 0^{m}39 — Largeur 0^{m}56

35. - Le Pont de la Mer à Valence ; Espagne.

Signé à gauche.

Toile. Hauteur 0^{m}38 — Largeur 0^{m}56

36. - Lavoir de Gregnolles ; Eure-et-Loir.

Signé à gauche.

Toile. Hauteur 0^m35 — Largeur 0^m55

37. - Le Littoral près Toulon.

Signé à droite.

Toile. Hauteur 0^m35 — Largeur 0^m40

38. - Environs de Tarragone.

Signé à droite.

Toile. Hauteur 0^m33 — Largeur 0^m46

39. - Environs de Menton.

Signé à gauche.

Toile. Hauteur 0^m43 — Largeur 0^m34

40. - Village de Roquefoin ; Eure-et-Loir.

Signé à droite.

Toile. Hauteur 0^m27 — Largeur 0^m46

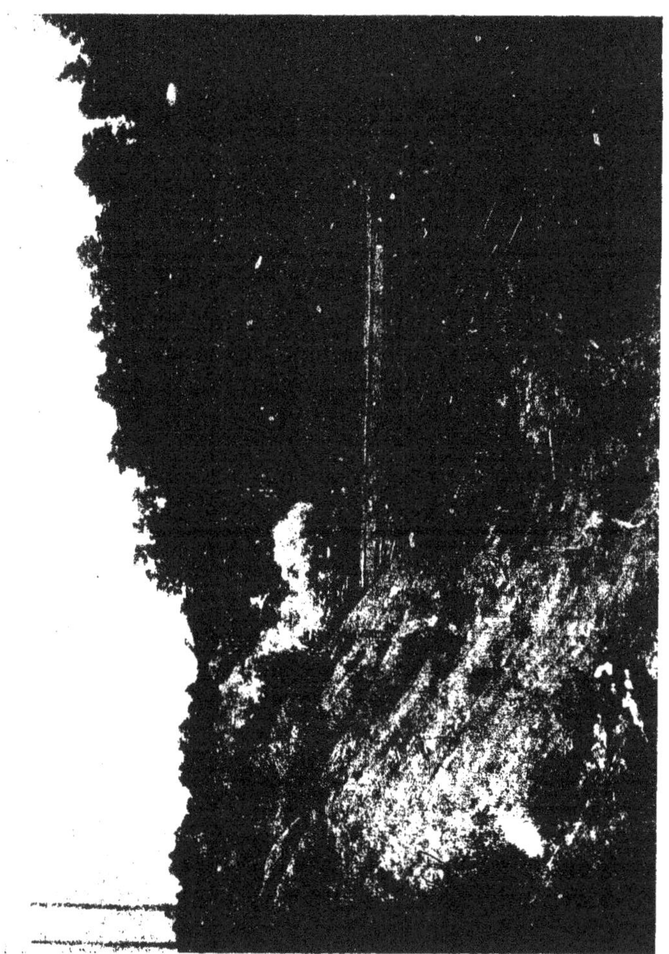

N° 15

41. - L'hiver à Montretout.

Signé à gauche.

Bois. Hauteur 0^m32 — Largeur 0^m41

42. - Le Frioul près Marseille.

Signé à droite.

Toile. Hauteur 0^m28 — Largeur 0^m41

43. - Bords de rivière.

Signé à droite.

Toile. Hauteur 0^m28 — Largeur 0^m37

44. - L'hiver à Cagnes.

Signé à droite.

Toile. Hauteur 0^m35 — Largeur 0^m24

45. - Sur les hauteurs de Cagnes.

Signé à droite.

Toile. Hauteur 0^m38 1/2 — Largeur 0^m46 1/2

46. - La plaine du Sahël, Algérie.

Signé à droite.

Toile. Hauteur 0^m28 — Largeur 0^m40

47. - La neige à Cagnes.

Signé à gauche.

Toile. Hauteur 0^m22 — Largeur 0^m35

48. - Sur les Digues de l'Eure.

Signé à droite.

Pastel. Hauteur 0^m35 — Largeur 0^m58

49. - Baigneuse au bord de l'Eure.

Signé à droite.

Pastel. Hauteur 0^m51 — Largeur 0^m70

TABLEAUX
PAR
LÉON TANZI

Carte d'Entrée à l'Exposition particulière

GALERIE DES ARTISTES MODERNES, 19, rue de Caumartin

Les Lundi 11 et Mardi 12 Novembre 1907

de 10 heures à 5 heures

EXPOSITION PUBLIQUE	VENTE
Le Mercredi 13 Novembre	**Le Jeudi 14 Novembre**

HOTEL DROUOT, Salle n° 1

COMMISSAIRE-PRISEUR	EXPERTS
Mᵉ ANDRÉ COUTURIER	**MM. J. CHAINE & SIMONSON**
56, rue de la Victoire	19, rue de Caumartin

www.ingramcontent.com/pod-product-compliance
Ingram Content Group UK Ltd.
Pitfield, Milton Keynes, MK11 3LW, UK
UKHW031712170726
13836UKWH00001B/193